Balance dir die Welt, wie es dir gefällt

Jutta Oster

Balance dir die Welt, wie es dir gefällt

Vom Geheimnis, leicht zu leben

HERDER

FREIBURG · BASEL · WIEN

www.herder.de
Gesamtgestaltung und Satz: Dietmar Reichert, Dormagen
Herstellung: CPI Moravia
Gedruckt auf umweltfreundlichem, chlorfrei gebleichtem Papier
Printed in Czech Republic
ISBN 978-3-451-30189-6

INHALT

Himmlische Leichtigkeit

Engel können fliegen, weil sie sich selbst nicht so schwer nehmen, sagt ein schottisches Sprichwort. Sich selbst nicht so schwer nehmen, leichter leben – das ist auch für Menschen, nicht nur für himmlische Wesen, ein erstrebenswertes Ziel. Die Leichtigkeit ist dabei nicht mit dem Leichtsinn zu verwechseln, auch wenn die Wörter verwandt sind. Leichtsinn wäre, unvernünftig mit seiner Gesundheit umzugehen oder mit 200 Stundenkilometern über die Autobahn zu rasen. Leichtigkeit dagegen meint, nicht zu streng mit sich selbst zu sein. Oft sind wir selbst unsere schärfsten Kritiker. Es meint aber auch, Großmut im Umgang mit anderen Menschen

zu zeigen, über ihre kleinen Fehler oder Macken großzügig hinwegzusehen. Leichtigkeit meint, sich nicht allzu viele Sorgen zu machen, sondern zu denken: Wird schon werden, ich krieg das schon hin! Optimismus und Zuversicht sind deshalb die Schwestern der Leichtigkeit.
Leichtigkeit meint, besonders aufmerksam für die schönen Seiten des Lebens zu sein. Es heißt aber nicht, den Schlendrian in den Alltag einziehen zu lassen, die Dinge auf die leichte Schulter zu nehmen, kopflos zu werden. Deshalb kommt es auf die richtige Balance an, zwischen einer gewissen Ernsthaftigkeit und einer positiven Lebenseinstellung.

Engel schleppen nicht allzu viel Ballast mit sich, sonst könnten sie nicht mehr über den Dingen schweben. Auch das können Menschen sich zum Vorbild nehmen. Wer mit leichtem Gepäck unterwegs ist, lebt leichter – es lohnt sich deshalb in vielen Bereichen des Lebens, sich auf das Wesentliche zu beschränken: im eigenen Zuhause, aber auch im Job oder in der Freizeit.

Dass Sie auf diesen Wegen zu himmlischer Leichtigkeit finden, wünscht Ihnen

Jutta Oster

Das Geheimnis guter Laune

An manchen Tagen stehen wir schon morgens mit dem falschen Bein zuerst auf – und sind den ganzen Tag schlechter Laune. An anderen Tagen scheint alles beinahe wie von selbst zu gelingen, wir sind fröhlich, können leicht auf andere Menschen zugehen und im Job läuft auch das meiste glatt. Alles eine Frage unserer Verfassung. Doch wie bekommt man gute Laune? Gar nicht so einfach zu beantworten, denn die Forschung weiß viel mehr über Depressionen als über die glückliche Stimmung. Gute Laune hat man einfach, fertig.

Wenn wir gute Laune haben, sind wir mit uns selbst im Einklang, denken gar nicht groß über uns nach und grübeln schon gar nicht; wir mögen uns selbst und andere. Natürlich lässt sich die gute Laune nicht herbeizwingen, aber wir selbst können einiges tun, damit sie sich blicken lässt. Zunächst mal ist es wichtig, gelassen zu bleiben, auch wenn es im Alltag immer wieder Hindernisse und Pannen gibt. Davon darf sich niemand die Laune verderben lassen – auch wenn einem der andere Fahrer die letzte Parklücke wegschnappt oder einem die Bahn vor der Nase wegfährt. Glücksforscher wie der Niederländer Ruut Veenhoven haben gezeigt, dass positiv gestimmte Menschen nicht weniger Sorgen haben als Pessimisten, aber sie können gelassener damit umgehen.

Sie sind stressresistent und packen Probleme aktiv an.

Ebenso wichtig wie die Gelassenheit ist es, liebe Menschen um sich herum zu haben. Wir sind von Natur aus soziale Wesen und fühlen uns wohl, wenn uns ein Kreis aus Freunden und Familie umgibt. Und die Erfahrung hat wohl jeder schon gemacht: Sobald wir einem Freund von unserem Stimmungstief erzählt haben, steigt die Laune wieder.

Es lohnt sich sogar, auch fremde Menschen anzulächeln – denn ein Lächeln, das erwidert wird, macht glücklich. Außerdem signalisiert man so dem Gehirn: Achtung, gute Stimmung! Ebenso gut tut es, sich bewusst an schöne Momente zu erinnern, vielleicht sogar ein Glückstagebuch zu führen, in dem man die vielen positiven Momente festhält.

Es lohnt, sich auf das Positive zu konzentrieren: Fröhliche Menschen haben die höhere Lebenserwartung. Warum das so ist, wissen Forscher noch nicht so genau. Vermutlich wird bei Stress ein Programm im Körper aktiviert, das auf Kosten des Immunsystems arbeitet. Die Immunabwehr geht runter, der Blutdruck rauf. Vielleicht ist es aber auch so, dass Optimisten einfach besser auf sich und ihren Körper aufpassen.

20 Stimmungsaufheller

- Ohne schlechtes Gewissen die Lieblingsschokolade essen
- Einem schlafenden Baby über den Kopf streichen
- Zeit zum ausgiebigen Schmökern haben
- In der Hängematte träumen
- In ein heißes Bad mit duftendem Zusatz eintauchen
- Sich beim Joggen oder Walken verausgaben
- Unterm Baum liegen und dem Rauschen der Blätter zuhören
- Einige Male bei offenem Fenster tief durchatmen
- Kochen und sich ganz auf das Schnibbeln, Rühren und Braten konzentrieren

- Eine Freundin anrufen und ausgiebig plaudern
- Laut Musik hören und dazu durchs Wohnzimmer tanzen
- Den Liebsten in den Arm nehmen und ganz fest drücken
- Kleine Siesta halten
- Sich was Neues zum Anziehen gönnen
- Mit dem netten Mann im Supermarkt flirten
- Sich endlich trauen, den Chef auf die Gehaltserhöhung anzusprechen
- Picknick in der Mittagspause machen
- Sich von der Sonne wärmen lassen
- Einen Kuchen backen und den Duft in der ganzen Wohnung schnuppern
- Sich den Frust aufschreiben und dann abschalten

Erstmal tief durchatmen!

Diese Übung aus dem Yoga macht gelassen und wach. So funktioniert die Wechselatmung:

Sie setzen sich gerade hin, so dass Ihre Wirbelsäule möglichst aufrecht ist (zum Beispiel im Schneidersitz auf den Boden oder alternativ auf einen Stuhl). Mit dem Daumen der rechten Hand halten Sie sich das rechte Nasenloch zu. Zeige- und Mittelfinger beugen Sie zur Hand, Ringfinger und kleinen Finger strecken Sie aus. Sie atmen tief durch das linke Nasenloch ein, nehmen dann den Ringfinger an das linke Nasenloch und atmen rechts aus. Dann rechts einatmen usw. Immer im Wechsel gleichmäßig und langsam ein- und ausatmen, am besten jeweils bis vier zählen und allmählich steigern. So lange wiederholen, bis Sie sich ganz ruhig und erfrischt fühlen.

Man muss an das glauben, was man tut – und ab und zu etwas aufmüpfig sein.

Hildegard Knef, Schauspielerin und Sängerin

Das Glück im Leben
hängt von den guten
Gedanken ab, die
man hat.

Marc Aurel, römischer Kaiser

Gelassener durch den Tag

Wie oft sind wir meilenweit davon entfernt, gelassen zu sein – zum Beispiel, wenn der Chef einen kritisiert, das Kind sich am Morgen nicht anziehen will und lieber weiterspielt oder der Partner zum wiederholten Male die Küche nicht aufgeräumt hat. Dann spüren wir, wie die Wut in uns hochsteigt, wie wir versucht sind, Dinge zu sagen, die uns meistens hinterher Leid tun. Wir fühlen uns innerlich aufgewühlt, überfordert, sind gereizt. Und indem wir unwirsch zu anderen sind, verschlimmert sich die Lage noch.

Wie gern wären wir gelassener, doch Stress, Druck oder Ärger hindern uns häufig daran.

Die gute Nachricht: Gelassenheit ist keine angeborene Eigenschaft. Man kann sie trainieren, sie ist eine Lebenshaltung und wächst meist mit zunehmender Lebenserfahrung. Und es zahlt sich aus, Gelassenheit zu üben, sich immer wieder selbst daran zu erinnern, wie wirkungsvoll es ist, ruhig zu bleiben: Denn gelassene Menschen sind erfolgreicher. Wer sich selbst im Griff hat, hat in der Regel auch die Situation im Griff. Gelassene Menschen strahlen eine innere Ruhe und Ausgeglichenheit aus, die beneidenswert ist. Sie haben Vertrauen in sich selbst, ohne arrogant oder überselbstbewusst zu wirken. Sie sind authentisch, haben es nicht nötig, sich zu verstellen oder zu prahlen. Deshalb fühlt man sich meist von diesen Menschen so angezogen.

Zugegeben, das ist ein Ideal. Doch es lohnt sich, daran zu arbeiten, gerade für Hitzköpfe oder Ungeduldige.
Um gelassen sein zu können, ist es zunächst mal wichtig, Vertrauen in sich selbst zu haben. Dann machen einem Angriffe von außen nicht mehr so viel aus. Das Vertrauen fehlt Ihnen? Überlegen Sie sich, was Sie schon alles erreicht haben und was Sie gut können.

Außerdem hilft es oft, sich die Zeit zu nehmen, etwas in Ruhe zu überdenken.
Ihr Chef bittet Sie, zusätzliche Arbeit zu übernehmen, obwohl Sie schon so viele Überstunden machen? Dann können Sie um Bedenkzeit bitten, in Ruhe über die Anfrage nachdenken und erst am nächsten Tag eine Antwort geben. Das bewahrt Sie vor über-

stürzten Entscheidungen und hilft Ihnen, Gelassenheit zu wahren.

Natürlich würde jeder Mensch am liebsten losplatzen, wenn er sich ärgert. Doch manchmal hilft es mehr, aufkeimenden Ärger herunterzuschlucken oder mit einer humorvollen Bemerkung zu überspielen, statt sich weiter hineinzusteigern. Doch wenn es ernsthaften Grund zu Ärger gibt, können Sie das ansprechen – aber bitte gelassen!

Die Gelassenheit ist eine anmutige Form des Selbstbewusstseins.

Marie von Ebner-Eschenbach, Schriftstellerin

Gutes für die Sinne

Hören, Sehen, Tasten, Schmecken, Fühlen: Durch die fünf Sinne nehmen wir die Welt wahr. Sie sind unsere wichtigsten Helfer, um uns in ihr zurechtzufinden. Und je besser wir sie schulen, je genauer wir hinschauen, zuhören, schnuppern, desto mehr bewusste, glückliche Momente erleben wir. Wie Sie Ihre Sinne trainieren und noch achtsamer für die schönen Seiten des Lebens werden:

Schönes hören

- Die Stille in der Wüste oder auf einem Berggipfel
- Meer, das sich an Felsen bricht
- Das Rauschen der Blätter im Wind
- Das Prasseln des Regens, wenn man selbst im Trockenen sitzt
- Vogelgezwitscher
- Die Stimme einer lieben Freundin auf dem Anrufbeantworter
- Kichern

TIPP
Wenn Sie die Augen schließen und sich ganz auf das Hören konzentrieren, werden Sie Geräusche bewusster und ganz anders wahrnehmen. Falls Sie viel Krach aushalten mussten, brauchen Ihre Ohren anschließend eine Pause: absolute Stille.

Schönes sehen

- Ein Sonnenaufgang
- Ein lachendes Kind
- Eine strahlende Braut
- Die Perfektion vieler historischer Bauwerke
- Eine Blumenwiese
- Ein Bergpanorama
- Eine Katze, die in der Sonne schläft
- Der Sternenhimmel in einer klaren Nacht

TIPP

Sie entspannen Ihre Augen, indem Sie Ihnen Abwechslung gönnen: immer mal wieder in die Ferne blicken, wenn Sie lange konzentriert auf einen Punkt schauen müssen, zum Beispiel auf einen Bildschirm. Entspannungsübungen für den ganzen Körper sind auch gut für die Augen, weil sie Druck abbauen.

Gutes schmecken

- Der erste Schluck Wein
- Ein Eis nach einem langen Winter
- Erdbeeren mit Sahne
- Selbstgebackene Torte
- Pasta mit fruchtiger Tomatensauce
- Gemüse aus dem eigenen Garten
- Ein frisches Brot

TIPP

Genussvolles Essen braucht Zeit. Tipp: Wenn sie gründlich kauen, können Sie wirklich alle Aromen wahrnehmen. Wenn Sie mit immer neuen Lebensmitteln und Gewürzen experimentieren, schulen Sie Ihren Geschmackssinn.

Schönes riechen

- Kaffeeduft am Morgen
- Das Lieblingsparfum
- Der Geruch von Neugeborenen
- Eine frisch gemähte Wiese
- Die Luft nach einem kräftigen Sommerregen
- Der Duft einer Linde
- Der Geruch von Sonnencreme, der so an Kindheit erinnert
- Die Haut im Nacken des Partners
- Frische Wäsche
- Weihnachtsplätzchen

TIPP

Wenn Sie die Augen schließen, können Sie noch bewusster schnuppern. Versuchen Sie, möglichst genaue Beschreibungen für den Duft zu finden, die von den Standardbeschreibungen abweichen.

Schönes fühlen

- Auf Sand laufen
- Ausgiebig gestreichelt werden
- Einen kühlen Wind auf der Haut an einem heißen Tag spüren
- Massiert werden
- Unter die warme Bettdecke schlüpfen
- Am Morgen strecken und räkeln
- Das Prasseln einer heißen Dusche

TIPP
Berührungen tun dem Tastsinn gut. Es macht glücklich, gestreichelt, massiert oder in den Arm genommen zu werden. Der Tastsinn will regelmäßig eingesetzt werden: durch Arbeit mit den Händen – beim Gärtnern, Backen, Malen, Musikmachen oder Sport.

Deine erste Pflicht ist,
dich selbst glücklich
zu machen.

Ludwig Feuerbach, Philosoph

Dem Glück auf der Spur

„Als habe man plötzlich einen leuchtenden Schnitz Nachmittagssonne verschluckt.“ So beschreibt die Schriftstellerin Katherine Mansfield das Gefühl des Glücks. Das Glück ist ein flüchtiger Moment – und es schaut oft dann um die Ecke, wenn wir gar nicht mit ihm rechnen. Doch jeder Mensch kann glücklich sein, kann sein Glücksempfinden sogar trainieren und auf Dauer steigern. „Die Lust am Leben ist uns angeboren“, sagt der Glücksforscher Stefan Klein. Natürlich haben wir den glücklichen Zufall nicht in der Hand, das, was die Engländer als „luck“ oder die

Italiener als „la fortuna“ bezeichnen, aber für eine glückliche Lebenseinstellung können wir selbst viel tun. Denn ob wir zufrieden und ausgeglichen sind, hängt gar nicht so sehr von den äußeren Lebensumständen ab, wie wir immer glauben. Glücklich ist ein Mensch nicht erst dann, wenn er den neuen Job bekommt, im Lotto gewinnt oder in das neue Haus zieht. Glücklich ist vielmehr, wer die vielen kleinen schönen Momente im Leben auskostet und sich so dauerhaft auf mehr Lebensfreude programmiert. Und das funktioniert. „Wie Lachfältchen sich in das Gesicht eines Menschen eingravieren, der oft fröhlich war, hinterlassen Gefühle im Hirn ihre Spuren“, so Wissenschaftsjournalist Stefan Klein. Wer sich also immer wieder um gute Gefühle bemüht, wird umso mehr

Gelegenheiten zur Freude finden und optimistischer in die Welt blicken.

Anleitung zum Glücklichsein

Sieben Wege zum höchsten der Gefühle:

1. Klar, manchmal muss man sich selbst erst einen Schubser geben. Aber Glücksforscher haben festgestellt: Aktivsein macht glücklicher als Faulenzen. Menschen geht es besonders gut, wenn sie ihren Kopf einsetzen müssen und gefordert sind – im Job und in der Freizeit. Oft wird uns das aber erst bewusst, nachdem wir eine anspruchsvolle Arbeit abgeschlossen haben.
2. Die Kunst der Achtsamkeit: Das Glück steckt in vielen Kleinigkeiten – die wir im Alltag aber leicht übersehen. Zum Bei-

spiel das Rauschen der Bäume an einem Sommertag, der Geschmack von reifen Tomaten, die Wärme der Sonne auf der Haut. Es lohnt sich, seine Sinne zu schulen und aufmerksam zu sein. „Ähnlich wie bei befriedigender Arbeit gehen wir auch in Momenten intensiver Wahrnehmung ganz auf in dem, was wir tun und was um uns geschieht", so der Glücksforscher und Wissenschaftsjournalist Stefan Klein. „Dabei können wir ohne äußeren Anlass das reinste und vielleicht schönste aller Hochgefühle empfinden: das Glück, am Leben zu sein."

3. „No sports, just whiskey and cigars", war das Lebensmotto des früheren britischen Premierministers Winston Churchill. Sollte aber lieber nicht zu Ihrem werden!

Denn Sport macht zufrieden und ausgeglichen, am besten in mäßiger, aber regelmäßiger Dosis. Das haben Wissenschaftler in Studien nachgewiesen. Mit drei mal dreißig Minuten pro Woche tun Sie schon viel für sich.

4. Kinder sind Meister darin: Sie lassen sich von ihrem Spiel, von einer Aufgabe so sehr fesseln, dass sie die Welt um sich herum vergessen. Erwachsene können das auch – wenn sie sich jedem Alltagsgriff, jeder Aufgabe mit Hingabe widmen. Am Ende steht dann ein Erfolgserlebnis. Und das macht ohnehin glücklich.
5. Wer neidisch auf andere schaut, macht sich das Leben oft selbst nur unnötig schwer. Denn eifersüchtige Seitenblicke beruhen meist auf einer verzerrten Wahr-

nehmung. Man sieht nur das, was der andere hat. Was ihm fehlt, blenden wir aus.

6. Es macht glücklich, sich selbst eine Freude zu machen. Womit? Das wissen Sie selbst doch am besten! Vielleicht mit einer Radtour am Abend, den Blumen, die Sie sich selbst kaufen, oder einem besonders schönen Abendessen.
7. Im See schwimmen, am Strand entlang laufen, in den Bergen wandern, durch den Wald spazieren: Es macht glücklich, in der Natur zu sein und sich frischen Wind um die Nase wehen zu lassen – erst recht, wenn Sie ansonsten die meiste Zeit im Büro und in der Wohnung verbringen.

Optimisten leben länger

Warum es so gesund ist, das halbvolle und nicht das halbleere Glas zu sehen:

- Wer fest daran glaubt, dass er wieder gesund wird, braucht nur halb so lang im Krankenhaus zu bleiben. Das hat ein Münchner Psychologe in einer Studie festgestellt.
- Wer optimistisch denkt, lebt länger. Das haben amerikanische Forscher in einer Langzeitstudie mit 7000 Personen herausgefunden. Über einen Zeitraum von 40 Jahren hatten Pessimisten ein 42 Prozent höheres Risiko, früh zu sterben.
- Wer die Welt durch die rosarote Brille sieht, hat ein deutlich geringeres Risiko,

eine Herz-Kreislauf-Erkrankung zu bekommen.

- Wer positiv eingestellt ist, hat eine deutlich bessere Immunabwehr, erkrankt nicht so leicht an Erkältungen oder Grippe.

GLÜCKLICHE NONNEN WERDEN ÄLTER

Eine berühmte amerikanische Studie hat bestätigt, wie sich Optimismus auf das Alter auswirkt: Wissenschaftler untersuchten 180 Nonnen, die mit dem Eintritt ins Kloster ihre Erwartungen aufschrieben. Obwohl alle Schwestern einen ähnlichen Lebensstil führten und vergleichsweise wenig Stress hatten, wurden die optimistischen Nonnen im Schnitt sieben Jahre älter als ihre pessimistischen Mitschwestern.

Von der Macht der Träume

Ohne Träume wäre unser Leben ganz schön langweilig. Sie sind der Motor, sich weiterzuentwickeln und Herausforderungen anzugehen. Eine Redensart sagt, dass Träume Schäume sind. Doch das Gegenteil ist der Fall! Denn Träume sind keine Flucht ins Unrealistische, sondern sie zeigen uns, wohin wir wollen. Aus ihnen können konkrete Ziele werden. Sie sorgen dafür, dass wir über uns hinauswachsen. Wenn wir auf sie hören, leiten sie uns dorthin, wo wir selbst hin wollen. Nicht dorthin, wo andere uns haben wollen. Oder gar die gesellschaftliche Norm.

Es lohnt sich, ab und zu auf die eigene Stimme zu hören, in sich selbst hineinzuhorchen. Dafür braucht man etwas Zeit und Ruhe, vielleicht abends, kurz vor dem Einschlafen. Denn wir selbst fühlen meist, wann es Zeit für eine Veränderung oder einen Neuanfang ist, nur schieben wir das häufig beiseite. Weil es so viel anderes zu tun gibt. Oder weil einem manchmal die eigene Bequemlichkeit im Weg steht. Dabei lohnt es sich, den Kopf voller Träume zu haben. Denn Träumen macht kreativ. Oder, wie es der französische Schriftsteller Victor Hugo formuliert hat: „Nichts erschafft Zukunft besser als ein Traum, heute noch Utopie, morgen schon lebendige Wirklichkeit."

Leichter abschalten

Für diese einfache Entspannungsübung legen Sie sich flach auf den Rücken, am besten auf eine Gymnastik- oder Yogamatte, eine einfache Decke tut's aber auch. Sie schließen die Augen und konzentrieren sich ganz auf Ihren Körper. Zunächst nehmen Sie die rechte Hand bewusst wahr. Die Fingerspitzen, die ganze Hand sinken schwer und entspannt zu Boden. Anschließend folgt die linke Hand. Dann konzentrieren Sie sich auf beide Unterarme, zuerst den rechten, danach den linken Unterarm. Sie werden schwer und sinken entspannt nach unten. Anschließend sind die Oberarme an der Reihe. So entspannen Sie nach und nach Ihren ganzen Körper: Schultern, Nacken, Rücken, Gesicht, Brust, Bauch, Ober- und Unterschenkel, Füße und Zehen. Nach der Übung langsam die Augen öffnen und sich räkeln und strecken, bevor Sie aufstehen. Die Entspannung dauert etwa fünf Minuten. Der ideale Zeitpunkt zum Üben: Morgens, wenn Sie sich fit und ausgeschlafen fühlen.

Anstiftung zum Faulenzen

Das Nichtstun hat einen schlechten Ruf. Dabei tun wir das meiste in der Zeit, in der wir meinen, nichts getan zu haben, hat Marie von Ebner-Eschenbach einmal geschrieben. Denn das Ausruhen gehört genauso zum Leben wie die Aktivität. Wir brauchen das Faulenzen nicht nur, um unsere Kräfte wiederherzustellen, sondern einfach, um leichtlebig und glücklich zu sein. Denn in den Zeiten der Ruhe kommen wir endlich dazu, über uns selbst nachzudenken. Stellen uns Fragen wie: Was habe ich eigentlich vor? Was ist in den vergangenen Wochen gut und was weniger gut gelaufen? Müßiggang macht Menschen kreativ und bringt sie auf neue Gedanken.

Am Anfang, wenn der Kopf noch voller Alltagssorgen ist, fällt das Abschalten schwer. Doch davon darf man sich nicht beirren lassen, irgendwann hört das Grübeln auf und die Gedanken fließen frei.

Wenn es nicht automatisch dazu kommt, dass Sie sich Zeit zum Nichtstun nehmen, können Sie einen festen Termin mit sich selbst abmachen. Und ihn genauso zuverlässig einhalten wie jede andere Verabredung mit Freunden oder Kollegen. Das kann eine halbe Stunde am Tag sein, ein Nachmittag pro Woche oder hin und wieder ein Wochenende, das Ihnen ganz allein gehört.

Ideen für ruhige Momente

- Morgens müssen die meisten Menschen sich beeilen. Vielleicht stehen Sie einfach eine halbe Stunde früher auf und genießen die Ruhe, trinken langsam Ihren Kaffee, lesen die Zeitung, hören auf das Zwitschern der Vögel.
- Musik ist ein sinnliches Erlebnis und macht glücklich – vor allem, wenn Sie bewusst hinhören und die Musik nicht nur im Hintergrund plätschert.
- Wenn Sie in Ihrer Stadt den Schlendergang einlegen und nicht den Stechschritt, werden Sie überrascht sein, wie viel Neues Sie entdecken, wenn Sie nur genau hinschauen.
- Tiefkühlkost geht schnell, schmeckt aber nicht annähernd so gut wie ein frisch gekochtes Essen. Und beim Kochen, wenn Sie sich ganz

auf die Arbeit konzentrieren, können Sie gut abschalten.

- Es kostet Kraft, viele Dinge gleichzeitig zu erledigen. Konzentrieren Sie sich deshalb ganz auf das, was Sie momentan tun.

Badewonnen

Ein heißes Bad am Abend wirkt herrlich entspannend und beruhigend – erst recht, wenn Sie am Wannenrand Kerzen aufstellen und Ihre Lieblingsmusik auflegen.
Einen einfachen Zusatz für ein Entspannungsbad können Sie sich auch selbst mixen, das meiste davon hat man ohnehin zu Hause. Sie nehmen dafür eine halbe Tasse Sahne und verrühren sie kräftig mit einem Esslöffel Öl (ideal ist Mandelöl, das es im Reformhaus gibt, alternativ: Olivenöl). Für einen angenehmen Duft sorgen ätherische Öle (aus der Apotheke), zum Beispiel je nach Geschmack einige Tropfen Lavendel oder Melisse.

Die Mischung in das eingelassene Badewasser geben.

Tipp

Damit Sie sich optimal entspannen können, ist das Wasser am besten 37 bis 38 Grad warm. 15 bis 20 Minuten Baden reichen, sonst wird Ihr Kreislauf zu sehr strapaziert und Ihre Haut trocknet aus.

Ein Lob auf die Siesta!

Für uns Mitteleuropäer ist sie ungewohnt, für die Menschen im Süden dagegen selbstverständlich: die Siesta. Wer am frühen Nachmittag durch Neapel, Lissabon oder Malaga schlendert, stellt fest, dass die Rollläden in den Geschäften heruntergelassen sind und auf den Straßen wenig los ist. Erst am späten Nachmittag beleben sich die Straßen, Plätze und Cafés wieder. Wie selbstverständlich der Mittagsschlaf zum Beispiel für die Spanier ist, hat sich während der Europameisterschaft 2008 gezeigt: Für die spanischen Kicker mussten dunkle Vorhänge an den Fenstern ihres Hotels angebracht werden, damit die Fußballer in der Mittagszeit gut schlafen konnten.

Recht haben die Südländer. Denn nach einer Siesta wacht man erfrischt auf und kann umso konzentrierter weiterarbeiten. Auch die Laune ist besser nach einem Mittagsschlaf, denn die Siesta schafft Distanz zu dem, was man am Vormittag erlebt hat. Studien haben gezeigt, dass sogar die Gedächtnisleistung und Konzentrationsfähigkeit nach der kurzen Schlafpause ansteigen.

Doch was tun, wenn Sie im Büro arbeiten und die Kollegen schön blöd gucken würden, wenn Sie Ihre Luftmatratze ausrollen? Nicht jeder arbeitet so komfortabel wie die Japaner, deren Firmen zum Teil eigene Relax-Räume haben. Aber auch wer im Büro arbeitet, kann sich mit kleinen Lösungen behelfen:

im Bürostuhl zurücklehnen und die Augen schließen oder den Kopf auf dem Schreibtisch ablegen und mit den Armen polstern. Zumindest bleibt noch das Wochenende für einen ausgiebigen Mittagsschlaf.

Allerdings sollte eine Siesta nicht länger als 30 Minuten dauern, sonst fühlt man sich noch müder als vorher. Anschließend können Sie sich räkeln und strecken und Gesicht und Hände mit kaltem Wasser erfrischen. So starten Sie hellwach in die zweite Tageshälfte!

Geduld und Zeit
vermögen mehr als
Gewalt und Mut.

Sprichwort aus Frankreich

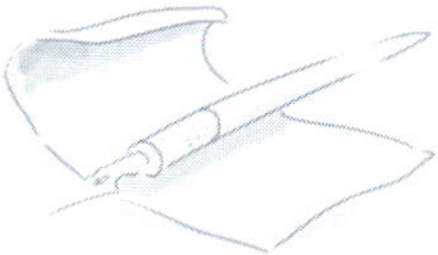

Wir haben genug Zeit,
wenn wir sie nur
richtig verwenden.

Johann Wolfgang von Goethe

Mehr Zeit für die Zeit

Wertvoller als jedes Statussymbol dieser Welt und mit Geld niemals aufzuwiegen: einfach Zeit zu haben. Sie ist der wahre Luxus unserer Generation, in der wir mit Hochgeschwindigkeitszügen, Highspeed-Internetzugang und Fastfood leben. Viele Menschen wollen nicht mehr von Termin zu Termin hetzen. Sie sehnen sich nach Inseln der Ruhe, wünschen sich mehr Zeit für sich und andere.

Natürlich wollen wir Zeit einsparen, um freie Zeit zu gewinnen. Und natürlich ist es sinnvoll, ökonomisch mit seiner Zeit umzugehen. Doch all das hat Grenzen. Denn die Zeit lässt sich nun mal nicht in ein Korsett pressen. Zeit kann nur genießen, wer sie für eine Weile vergisst. Die schönsten Augenblicke im Leben richten sich ohnehin nicht nach der Uhr. Oder haben Sie bei einem Kuss, einem intensiven Gespräch schon einmal darüber nachgedacht, dass Ihnen gerade die Zeit davonläuft? Richtig glücklich kann nur sein, wer einfach in der Zeit lebt und sie nicht ständig organisieren will.

Das Verblüffende ist: Auch wenn wir die Zeit in Sekunden und Minuten, Wochen und Monate einteilen und exakte Uhren besitzen, macht sie in unserer Wahrnehmung doch, was sie will. Menschen nehmen Zeiträume aus der Vergangenheit, die gleich viel Zeit beansprucht haben, unterschiedlich lang wahr. Die Zeit erscheint ihnen seltsam gedehnt oder gestrafft. Haben wir viel Spannendes erlebt, fliegt die Zeit in dem Moment an uns vorbei. Doch im Rückblick kommen uns diese erfüllten Zeiträume lang vor. Wenn wir dagegen warten müssen oder nur grauen Alltag erleben, dehnt sich die Zeit wie Kaugummi. Aber in der Erinnerung sind diese Zeiten kurz.

Wie viel Lebenszeit einem bleibt, weiß ohnehin kein Mensch – trotz genauer Altersstatistiken, trotz der Möglichkeiten der modernen Medizin. Sich das ab und an in Erinnerung zu rufen, macht demütig gegenüber der Zeit. Und es bringt uns dazu, wieder bewusster mit ihr umzugehen.

Man muss der Zeit Zeit lassen.

Papst Johannes XXIII.

So finden Sie mehr Muße

- Immer nur rasen geht nicht, immer nur trödeln aber auch nicht. Wir brauchen einen Wechsel der Zeiten. Der Münchner Zeitforscher Karlheinz Geißler rät dazu, die Vielfalt der Zeiten zu pflegen.
- Wer schnell lebt, zum Beispiel im Job, braucht einen „Sicherheitsgurt“, sagt der Zeitforscher. Das kann zum Beispiel die Familie sein. Oder das können gute Freunde sein.
- Sind Sie Morgenmensch oder Nachteule? Vielleicht lässt sich Ihr Alltag so einrichten,

dass Sie nach Ihrem Rhythmus leben können und wichtige Aufgaben während Ihres persönlichen Leistungshochs erledigen. Routine-Aufgaben arbeiten Sie ab, wenn Sie sich schlechter konzentrieren können, zum Beispiel gleich nach dem Mittagessen.

- Rituale tun gut und lassen Sie aufatmen. Das kann die Zeitungslektüre am Morgen sein, eine Kaffeepause am späten Vormittag oder der Spaziergang am Abend.
- Oft hilft es auch, sich klarzumachen, was einem wirklich wichtig ist. Falls Sie dazu neigen, sich in Ihrer Freizeit zu viel vorzunehmen: Manchmal ist es besser, wenige Programmpunkte bewusst zu genießen, als von Termin zu Termin zu hetzen. Gerade weil wir so viele Möglichkeiten haben, ist es umso wichtiger, bewusst auszuwählen.

Ein Freund, ein guter Freund …

… das ist das Schönste, was es gibt auf der Welt!“ Die Drei von der Tankstelle aus dem gleichnamigen Heinz-Rühmann-Film hatten schon Recht mit ihrem Loblied auf die Freundschaft. Freunde gehören zu den schönen Seiten des Lebens. Mit ihnen kann man reden und herzhaft lachen, sie bringen Leichtigkeit in unser Leben. Für viele Menschen rangieren Freunde gleich hinter der großen Liebe auf der Glücksskala. Mit Freunden teilen sie Geheimnisse und wissen: Sie sind bei ihnen sicher aufgehoben. Freunde sagen schonungslos offen die Wahrheit – und von ihnen akzeptiert man die Kritik. Freunde packen mit an, helfen beim Umzug, beim Renovieren und beim Vorbereiten einer Party. Das Allerbeste an guten Freunden: Jeder kann sich so zeigen, wie er ist. Fassade, Show, Blenden – bei Freunden ist das nicht nötig. Denn die wissen sowieso, was sie an einem haben.

Um einen guten Freund zu haben, muss man in erster Linie einer sein. Nicht fragen: Was kann der andere für mich tun? Sondern: Was kann ich ihm geben? Freundschaften brauchen Pflege, durch Gespräche, zumindest am Telefon, gemeinsame Unternehmungen und kleine Aufmerksamkeiten. Freunde wollen das Gefühl haben, sich beim anderen sicher und aufgehoben fühlen zu können. Vertrauen ist die Grundlage, deshalb ist es auch so wichtig, Geheimnisse sicher zu bewahren und loyal zu sein. Auch Zuhören erhält die Freundschaft. Nichts ist langweiliger als ein Mensch, der immer nur von sich spricht. Andererseits muss jeder in einer guten Freundschaft natürlich auch etwas von sich selbst preisgeben. Wer nichts von sich erzählen will, kann auch keine Offenheit von anderen erwarten.

Was genau die Anziehung zwischen zwei Menschen ausmacht, die Sympathie, das Gefühl auf einer Wellenlänge zu liegen, ist ein noch unerforschtes Geheimnis. Forscher glauben aber, dass sich am ehesten zwei Menschen anfreunden, die sich ähnlich sind in ihren Interessen und Wertvorstellungen. Auch eine gemeinsame Lebenssituation verbindet oft, zum Beispiel finden sich häufig

Mütter mit kleinen Kindern zusammen. Die alte Weisheit stimmt also doch: Gleich und gleich gesellt sich gern!

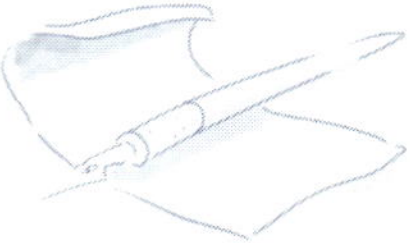

Der beste Weg, einen Freund zu haben, ist der, selbst einer zu sein.

Ralph Waldo Emerson, Philosoph und Autor

Ein Freund ist ein Mensch, vor dem man laut denken kann.

Ralph Waldo Emerson

Warum Dankbarkeit zufrieden macht

„Danke!" gehört zu den ersten Worten, die Kinder lernen. Das Wort begleitet uns seitdem Tag für Tag, wir sprechen es ständig aus: Wenn uns jemand die Tür aufhält, die Kellnerin im Restaurant das Essen bringt oder ein Kollege die erledigte Arbeit auf den Schreibtisch legt. Meist sagt man das Wort aber, ohne groß darüber nachzudenken, es ist zu einer reinen Höflichkeitsfloskel geworden. Dabei lohnt es sich, hin und wieder dankbar zu sein, den Blick auf die Haben-Seite zu richten. Denn Dankbarkeit ist ein Schlüssel zur Leichtigkeit. Wenn wir darüber nachdenken, wofür wir dankbar sein können, macht sich ein Gefühl der Zufriedenheit in uns breit. Dankbarkeit schützt vor Verbitterung, Schielen nach noch mehr Besitz oder dem Neid auf andere Menschen. Auch Psychologen haben erkannt, dass die Dankbarkeit eine wichtige Ressource ist. Und es gibt eine Menge, für das jeder Mensch dankbar sein kann: dass man morgens wach wird und gut geschlafen hat, dass man einen Job hat, für den es sich lohnt aufzustehen, dass es liebe Menschen um einen herum gibt, dass man ein Dach über dem Kopf und einen gut gefüllten Kühlschrank hat. Oder, wie der Schriftsteller Hans Magnus Enzensberger sein Gedicht „Empfänger unbekannt" anfängt: „Vielen Dank für die Wolken. Vielen Dank für das wohltemperierte Klavier und, warum nicht, für die warmen Winterstiefel. Vielen Dank für mein sonderbares Gehirn und für allerhand andre verborgene Organe, für die Luft, und natürlich für den Bordeaux (…).“

Wie wichtig die Dankbarkeit ist, haben auch amerikanische Wissenschaftler nachgewiesen. Dankbare Menschen fühlen sich glücklicher, sie leiden seltener unter Depressionen oder Stress. Sie blicken hoffnungsvoller in die Zukunft und haben den größeren Freundeskreis. Sie legen wenig Wert auf Materielles und schielen nicht auf das Haben-Konto anderer Menschen.

Doch dankbar zu sein, ist gar nicht so leicht. Oft springt uns eher das ins Auge, was gerade schief läuft, wo wir uns benachteiligt oder schlecht behandelt fühlen, wo uns etwas fehlt. Und manchmal schätzen wir Dinge erst, wenn wir sie nicht mehr haben. Doch Dankbarkeit lässt sich trainieren. Psychologen empfehlen, sich am Ende des Tages bewusst zu überlegen, was am Tag gut gelaufen ist, wo man Glück gehabt hat. Sie versprechen: Wer das regelmäßig macht, vielleicht sogar Tagebuch darüber führt, wird dem Leben viele dankenswerte Momente abgewinnen.

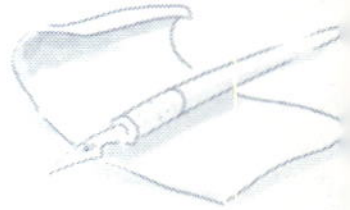

Dankbarkeit ist das Gedächtnis des Herzens.

Jean-Baptiste Massillon, Theologe

Viel zu lachen!

Wir flirten damit und wir zeigen anderen Menschen, dass wir sie mögen. Wir verbünden uns so und wir überspielen Missgeschicke: Das Lachen ist eines der ältesten und wichtigsten Kommunikationsmittel überhaupt. Es öffnet Türen und ist Schmiermittel im täglichen Umgang miteinander. Ein Lachen nimmt jeder Situation die Schärfe, es holt die Leichtigkeit zurück. Und das Gute: Es macht nicht nur etwas glücklicher, sondern wirkt auch noch ansteckend – einem herzhaften Lachen können wir uns kaum entziehen, wir müssen mitlachen oder zumindest lächeln.

Lachen macht sogar gesund, es ist eine Art Medizin ohne Nebenwirkungen. Um die Auswirkungen des Lachens auf Körper und Geist zu untersuchen, ist ein ganz neues Forschungsgebiet entstanden, die Gelotologie. Die Wissenschaftler haben festgestellt: Mehr als hundert Muskeln sind beteiligt, wenn ein Mensch lacht. Dabei entspannt er seine Muskeln und regt Herz und Kreislauf an. Und tut viel für sein Immunsystem, denn Lachen stärkt die Abwehr. In manchen Krankenhäusern wird Humor deshalb gezielt als Therapie eingesetzt. Klinikclowns kommen auf die Stationen, um Patienten aufzuheitern. Es gibt inzwischen in vielen Städten sogar Lachclubs und Lachtherapeuten, kein Witz!

Sie wollen auch ohne Lachclub viel zu lachen haben? Wir schmunzeln dann viel, wenn wir gut gestimmt sind, zum Beispiel im Urlaub oder an einem freien Tag. Oder wenn wir einen Witz hören, eine humorvolle Komödie sehen oder einen Moment voller Situationskomik erleben. Und manchmal hilft es auch, sich selbst im Spiegel anzulächeln, um das Gehirn auf sonniges Gemüt zu programmieren. Das lohnt sich, denn: „Lächeln ist das Kleingeld des Glücks", hat der Schauspieler Heinz Rühmann gesagt.

WUSSTEN SIE DAS?
Während Kinder durchschnittlich auf 400 Lacher pro Tag kommen, schmunzeln Erwachsene nur noch 15-mal täglich.

Schnelle Hilfe gegen Stress

Ihnen wächst die Arbeit über den Kopf, Sie fühlen sich überfordert? Das hilft gegen Stress:

- Wenn Sie vor einem Berg an Arbeit stehen und nicht wissen, wo Sie beginnen sollen: Dann hilft es, sich die Arbeit in Teilziele zu strukturieren, die Sie nach und nach abarbeiten. Und es ist ein befriedigendes Gefühl, wenn Sie immer wieder Teilergebnisse als erledigt abstreichen können.
- Ihr Rücken schmerzt vom langen Sitzen? Dann tut es gut, sich auf den Boden zu legen und die Beine auf einem Stuhl zu lagern, so dass sie

einen rechten Winkel bilden. Das entlastet den unteren Rücken und entspannt die Muskeln. Geht allerdings nur, wenn Sie ein Büro für sich allein haben.

- Auch der Kutschersitz entspannt. Dazu machen Sie einen runden Rücken und sinken in sich zusammen, lassen den Kopf hängen und atmen langsam ein und aus.
- Wenn Sie vor lauter Hektik beinahe den Überblick verlieren, lohnt es sich, bewusst einen Schnitt zu machen und eine Pause einzulegen: zum Beispiel einen Kaffee in der Küche trinken, eine Runde um den Block spazieren oder einen Plausch mit den Kollegen halten. Danach sehen Sie meist wieder klarer.
- Stoppt das Grübeln: Träumen Sie sich an einen Ort, an dem Sie sich besonders wohl fühlen,

denken Sie an den bevorstehenden Urlaub oder schauen Sie den Wolken nach.

- Ein Übergang von der Arbeit in die Freizeit ist wichtig. Den schaffen Sie sich zum Beispiel, indem Sie von der Arbeit nach Hause laufen oder eine Haltestelle früher aus der Straßenbahn aussteigen. Oder in der Bahn bewusst abschalten und die Bürounterlagen zu Hause lassen. Oder gleich nach der Arbeit Sport treiben.

Glück. Es ist
selbstgenügsam.
Es braucht keinen
Kommentar. Es kann in
sich zusammengerollt
schlafen wie ein Igel.

Robert Walser, Schriftsteller

Die meisten Menschen sind unglücklich, weil sie, wenn sie glücklich sind, noch glücklicher werden wollen.

Ingrid Bergmann, Schauspielerin

Wider den Perfektionismus!

Die italienische Filmschauspielerin Sophia Loren hat einmal gesagt: „Fehler gehören zu den Verpflichtungen, mit denen man für ein vollwertiges Leben zahlt." Das ist eine mutige Einstellung zu Fehlern. Wer sich selbst Schwächen zugestehen kann, lebt leichter. Weil er sich weniger unter Druck setzt.

Oft ist es aber genau umkehrt. Wir erwarten eher 200 Prozent von uns, wollen immer alles richtig machen und setzen uns selbst so unter Leistungszwang, machen uns das Leben unnötig schwer. Doch was steckt hinter dem Streben nach Perfektion? Vielleicht mangelndes Selbstvertrauen, vielleicht die Befürchtung, weniger geschätzt zu werden, wenn wir nicht alles richtig machen. Schon als Kind lernen wir, dass es für gute Noten und artiges Verhalten Zuwendung gibt. Und so ganz können wir uns auch als Erwachsene nicht davon freimachen.

Wir wollen das bestmögliche Ergebnis bei der Arbeit erzielen, wollen Job, Familie und Partner perfekt unter einen Hut bringen. Und glauben, dass wir nur geliebt werden, wenn wir etwas leisten. Doch das stimmt nicht! Das stellen Sie fest, wenn Sie die Probe aufs Exempel machen: Auch wenn Sie für Freunde mal nur Pasta mit Fertigsauce kochen, mögen die Sie nicht weniger, als wenn Sie ein Drei-Gänge-Menü aufgetischt hätten. Auch wenn Sie mal eine Verabredung absagen, bleibt ein guter Freund noch Freund. Auch wenn Sie im Job mal einen Gang herunterschalten, wird Ihr Chef Sie nicht weniger schätzen. Vermutlich wird er den Unterschied zwischen gut und perfekt gar nicht wahrnehmen.

So schützen Sie sich vor zu viel Perfektion:

- Bitte nicht zu streng mit sich selbst sein. Wenn Sie einen Fehler gemacht haben, bringt es nichts, sich selbst zu geißeln. Sagen Sie sich innerlich lieber: „Macht nichts, beim nächsten Mal läuft's wieder besser."
- Es gibt nicht nur Schwarz-weiß, sondern auch Zwischentöne. Wenn Sie nicht alles perfekt machen, heißt das noch lange nicht, dass Sie eine schlechte Leistung liefern. Manchmal reicht auch „gut", es muss nicht immer „sehr gut" sein.

❧ Vielleicht kleben Sie sich einen Zettel an Ihren Rechner oder an einen Spiegel, auf dem „Gelassenheit“ steht. Er erinnert Sie einige Male am Tag an Ihren guten Vorsatz.

Neue Energie im Handumdrehen

So tanken Sie auf:

- Einen Ort in der Wohnung schaffen und besonders schön einrichten, an dem Sie sich entspannen können und ungestört sind, zum Beispiel ein Sessel am Fenster
- Eine halbe Stunde lang zügig durch Park oder Wald gehen
- Kaltes Wasser über Hände und Arme laufen lassen
- Die Augen für einen Moment schließen und sich an den Ort des letzten Urlaubs träumen
- Ausgiebig gähnen

- Ein kleines Handtuch in warmes Wasser tauchen und auswringen, das Tuch aufs Gesicht legen – und dann abschalten
- Meditieren lernen
- Sich räkeln und strecken, in die Höhe und in die Breite dehnen
- Ein großes Glas Wasser mit Eiswürfeln und einem Spritzer Zitrone trinken
- Einige Tropfen Pfefferminzöl (aus der Apotheke) auf die Schläfen tupfen und mit kreisenden Bewegungen einmassieren – das erfrischt

Job und Privatleben in Balance

Der ehemalige tschechische Präsident Václav Havel hat damals, während seiner Amtszeit, bestimmt, dass sein Dienstwagen ohne Blaulicht durch die Straßen rollen sollte. „In mein Leben muss mehr Muße einkehren“, sagte er. Der Staatsmann wollte unterwegs wieder Zeit zum Schauen haben – ein Schritt der Entschleunigung.

Je höher Menschen auf der Karriereleiter klettern, desto weniger Muße bleibt ihnen meist. Am Arbeitsplatz stehen sie unter Zeit- und Leistungsdruck; der Chef erwartet Überstunden – und die Kollegen machen's ja auch. Auf Dauer kann das zur Folge haben, dass man körperlich und seelisch erschöpft ist und mit typischen Stresssymptomen reagiert: Gereiztheit, Schlaflosigkeit, Konzentrationsstörungen, Bauch- und Kopfschmerzen. Damit es gar nicht erst so weit kommt, ist es wichtig, die Arbeit und das Private in Balance zu halten. Dass dieses Gleichgewicht nötig ist, erkennen immer mehr Unternehmen. Und manche große Firmen reagieren darauf: mit flexiblen Arbeitszeitmodellen, besserer Vereinbarkeit von Familie und Beruf oder Gesundheitsvorsorge am Arbeitsplatz. Doch es sind nur wenige Unternehmen, die sich für die so genannte Work-Life-Balance engagieren. Aber Sie selbst können ebenso viel tun, um im Gleichgewicht zu bleiben:

- Sie müssen abends lange im Büro bleiben, weil die Kollegen auch noch am Schreibtisch sitzen? Aber vielleicht sind Ihre Kollegen einfach nicht so organisiert und schnell wie Sie? Manchmal lohnt es sich, mutig zu sein und als Erster zu gehen. Schließlich kommt es auf die Ergebnisse an und wenn die stimmen, haben Sie sich den Feierabend verdient.
- Handy und E-Mail sorgen dafür, dass vieles sich blitzschnell klären lässt. Aber in Freizeit und Urlaub kann die ständige Erreichbarkeit eine Last sein. Deshalb: bitte ausschalten!
- Wenn man viel zu tun hat, neigt man dazu, sich weniger Zeit für die Familie zu nehmen und Freunde auf spätere Termine zu vertrösten. Doch gerade jetzt brauchen Sie vertraute Menschen um sich, um im Gleichgewicht zu sein.

- Besonders im Job muss man „Nein“ sagen können. Weisen Sie Ihren Chef darauf hin, wenn Sie schon an der Belastungsgrenze arbeiten. Dann kann er mit anderen Mitarbeitern planen.
- Ehrgeiz in Ehren, aber wenn ein Projekt schlechter als erwartet läuft, ist das auch kein Untergang. Am besten gedanklich abhaken und mit neuem Schwung an die Arbeit gehen. Und diesen Schwung nehmen Sie aus Ihrem Privatleben!

Der zu sehr eilt,
kommt langsam heim.

Sprichwort

Mach mal Pause!

Für einen Dauerbetrieb ohne Pause ist der menschliche Körper nicht gemacht. Wir brauchen immer wieder Zeiten zum Verschnaufen und Auftanken, damit wir uns fit und leistungsfähig fühlen können. Spätestens nach zwei Stunden konzentrierter Arbeit ist es Zeit für eine Pause, die ein paar Minuten dauert. Und nach ungefähr vier Stunden, nach etwa einem halben Arbeitstag, verlangt der Körper nach einer längeren Auszeit, wenigstens 30 Minuten. Das trifft sich gut, denn dann ist ohnehin meistens Zeit fürs Mittagessen. Besser als ein Butterbrot oder Müsli vorm Bildschirm: sich mit Kollegen zum Essen in Kantine oder Café verabreden.

Und wie kann man sonst noch entspannen? Wichtig ist, dass Kopfarbeiter ihrem Kopf eine Verschnaufpause gönnen, also nicht Zeitung lesen und im Internet surfen, sondern eine Runde um den Block spazieren, am geöffneten Fenster einige Male tief durchatmen, mit Kollegen plauschen oder ein paar Dehnübungen für Schulter und Nacken machen. Gut ist immer ein Ortswechsel, zum Beispiel vom Büro in die Kaffeeküche oder vor die Tür.

Übrigens sind Pausen keine verlorene Zeit. Denn sie halten gesund, steigern die Leistungsfähigkeit und Konzentration. Kurz: Sie machen den Kopf frei und sorgen dafür, dass Ihnen niemals die Ideen ausgehen!

Erholung ist die Würze der Arbeit.

Plutarch, Philosoph

In der Ruhe liegt die Kraft.

Sprichwort

Mensch, ärgere dich nicht!

So bekommen Sie aufkeimenden Ärger in den Griff:

- Ist die Sache es wirklich wert, dass Sie sich so aufregen? Oder machen Sie gerade aus einer Mücke einen Elefanten? Wenn Sie Ihren Verstand einschalten und die Situation objektiv beurteilen, vermeiden Sie, sich weiter in den Ärger hineinzusteigern. Falls Sie aber zu dem Ergebnis kommen, dass Ihr Ärger berechtigt ist, hilft nur eines: mit etwas zeitlichem Abstand die Angelegenheit ansprechen – und einen sachlichen Ton wählen.
- Ein weiteres Mittel, um den Ärger in den Griff zu bekommen und sich wieder leichter zu

fühlen: der Gedanken-Stopp. Sobald Sie sich ärgern, sagen Sie Stopp – laut oder nur in Gedanken. In jedem Fall versuchen Sie, nicht mehr an die Sache zu denken. Um die Wirkung zu verstärken, können Sie sich ein Stopp-Schild vorstellen. Die Methode bewirkt, dass Sie nicht unnötig weitergrübeln oder sich in Ihren Ärger hineinsteigern.

- Alternativ können Sie sich auch bewusst ablenken, um auf andere Gedanken zu kommen – am besten mit einfachen Tätigkeiten: spazieren, kochen, putzen, Post abarbeiten. Hauptsache, Sie konzentrieren sich ganz auf die Tätigkeit. Für Komplizierteres haben Sie jetzt wahrscheinlich ohnehin keinen Kopf.
- Manchmal tut es auch gut, Dampf abzulassen, indem Sie sich körperlich abreagieren: joggen,

im Garten arbeiten, eine lange Radtour machen oder auf ein (Wut-)Kissen boxen.

- Distanz schaffen Sie, indem Sie sich fragen: Wie denke ich über die Sache, wenn ich 80 Jahre alt bin? Das relativiert viele Ärgernisse. Und vermutlich werden Sie zu dem Schluss kommen: Mit 80 kann ich mich gar nicht mehr an die Angelegenheit erinnern.

Wer sich über irgendetwas eine Minute lang ärgert, sollte bedenken, dass er dadurch 60 Sekunden Fröhlichkeit verliert.

Robert Stolz, Komponist

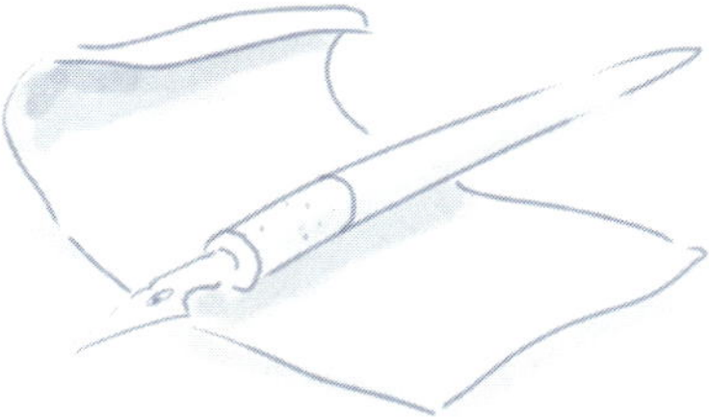

Zufrieden mit dem Job?

Ein Selbstcheck, mit dem Sie herausfinden können, wie zufrieden Sie bei der Arbeit sind. Die Fragen sind nur Gedankenanstoß, die Antworten müssen Sie selbst finden. Und die Konsequenzen erst recht!

- Gehen Sie ganz gelassen in eine neue Woche oder überfällt Sie schon am Ende des Wochenendes der Sonntagabend-Blues?
- Wann haben Sie zuletzt mit Kollegen herzhaft gelacht?
- Hand aufs Herz: Freuen Sie sich nach dem Urlaub wieder auf die Arbeit?
- Mit welchen Gedanken wachen Sie am Morgen auf? Sind Sie positiv gestimmt?

- Können Sie sich bei Ihrer Arbeit weiterentwickeln?
- Gibt es Phasen, wo Sie richtig in Ihre Arbeit vertieft sind?
- Würden Sie das Verhältnis zu Ihren Kollegen als persönlich bezeichnen?
- Haben Sie am Abend noch Energie für Privates oder fühlen Sie sich erschöpft und landen häufig vor dem Fernseher?
- Wie ist das Verhältnis zu Ihrem Chef? Persönlich, freundlich, sachlich oder eher angespannt?
- Können Sie nach Feierabend wirklich von der Arbeit abschalten?

Mut zum Nein

Es ist ein ganz einfaches Wort, bloß vier Buchstaben lang, und doch fällt es oft so schwer, es auszusprechen: Nein! Kannst du für mich bei der Arbeit einspringen? Würdest du morgen Abend auf unser Kind aufpassen? Kommst du uns am Wochenende besuchen? Wie oft sagen wir „Ja“ und meinen eigentlich „Nein“. Gut, dass niemand Gedanken lesen kann!

Natürlich ist es wichtig, sich für andere einzusetzen und hilfsbereit zu sein. Schwierig wird es erst dann, wenn jemand zu häufig Ihre Zeit beansprucht. Oder ein Ungleichgewicht entsteht, einer immer nur nimmt, der andere immer nur gibt. Dann ist es an der

Zeit, auch mal „Nein“ zu sagen – damit Sie Muße und Entspannungszeiten für sich selbst zurückgewinnen.

Aber „Nein“ zu sagen ist schwer. Wir möchten niemanden zurückweisen oder vor den Kopf stoßen. Hinterher quält man sich mit Schuldgefühlen. Und immer ist die Sorge da, sich unbeliebt zu machen, durch eine Absage weniger gemocht zu werden. Wie viel leichter ist es da, halbherzig „Ja“ zu sagen oder sich in Ausreden zu flüchten. Dabei ist es wichtig, ehrlich zu sein, auch mal Kanten zu zeigen und „Nein“ sagen zu können. So beweisen Sie Charakter und stärken Ihr Selbstbewusstsein.

Ein guter Trick, falls jemand Sie überrumpeln will: um Bedenkzeit bitten. Dann können Sie sich Ihre Antwort in Ruhe überlegen. Wenn Ihnen Menschen nicht besonders nahe stehen, reichen klare Ansagen: „Tut mir Leid, aber ich kann heute nicht.“ Wenn aber eine liebe Freundin um einen Gefallen bittet, den Sie ablehnen müssen, können Sie ihr ausführlich erklären, warum Sie ihr in dieser Situation nicht helfen können. Oder Sie schlagen eine Alternative vor: „Am Wochenende ist es schlecht, aber vielleicht kann ich dir nach der Arbeit helfen?“ Dass Sie einspringen, wenn jemand wirklich in Not ist, ist ohnehin Ehrensache, oder?

Vom Luxus des Einfachen

Den Wolken nachschauen, ganz in Ruhe mit einem Freund im Café plaudern, auf der Wiese liegen und gar nichts tun: Was, bitte, hat all das mit Luxus zu tun? Auf den ersten Blick gar nichts. Mit Luxus verbinden wir erst mal schnelle Autos, teure Designersachen, noble Sternerestaurants. Doch auf den zweiten Blick stellt man fest, dass die wahren Schätze des Lebens – Liebe, Musik, Freundschaft, die Natur – gar nichts kosten und der wahre Luxus im Genuss liegt. Und wir schätzen am meisten das, was wir nicht im Überfluss haben. Wer 30 teure Pullis im Schrank liegen hat, kann sich an dem einen guten Stück gar nicht mehr richtig freuen.

Wer sich seine Freizeit voller Aktivitäten legt, schätzt nicht mehr die einzelne Verabredung. Deshalb lohnt es sich, in vielen Bereichen des Lebens abzuspecken und sich wieder auf das Wesentliche zu konzentrieren. Je komplizierter unser Leben wird, desto mehr sehnen wir uns danach. Wie Sie den Luxus des Einfachen genießen:

Beim Einkaufen

„Ich mag mein Geld genau da, wo ich es sehen kann ... hängend in meinem Kleiderschrank", sagte Carrie, Hauptfigur der Kultserie „Sex and the city", einmal. Erst als sie nachrechnete, dass sie bereits 40.000 Dollar in ihre Schuhsammlung investiert hatte, verschlug es ihr für einen kurzen Moment die Sprache – was der Journalistin aus der Serie sonst selten passiert. Natürlich macht es Spaß, sich selbst etwas zu gönnen. Doch nicht alles, was wir kaufen, macht wirklich glücklich. Und der Reiz liegt nun mal im Besonderen. Deshalb lohnt es sich, einem Kaufimpuls nicht gleich nachzugeben, sondern zuerst eine Nacht darüber zu schlafen. Oft kaufen Menschen etwas, weil sie glauben, dass sie es als Statussymbol brauchen. Dabei macht es viel zufriedener, gezielt auszuwählen und auf ein wertvolles, langlebiges Stück zu sparen, als Schnäppchen um Schnäppchen im Schrank anzusammeln. Und so bleibt Ihnen das Geld, sich hin und wieder einen wirklichen kleinen Luxus zu gönnen!

Beim Wohnen

Wir besitzen eine ganze Menge. Und könnten durchschnittlich 25 Prozent unserer Möbel und 75 Prozent an Kleinigkeiten und Technik entbehren – ohne wirklich etwas zu entbehren. Besitz kann auch belasten und einengen. Dagegen kann es Luxus sein, Platz und Bewegungsfreiheit zu haben. Deshalb lohnt es sich, einmal im Jahr zu entrümpeln und sich von dem zu trennen, was man im vergangenen Jahr nicht gebraucht hat. Vielleicht können Sie es Freunden schenken oder für einen guten Zweck abgeben. Falls Sie sich noch nicht sicher sind: Erst mal im Keller oder auf dem Dachboden zwischenlagern. Was Sie innerhalb eines Jahres nicht angefasst haben, kann wirklich weg. Übrigens können wir auch viele technische Geräte entbehren. Schon jetzt würde die Menge an Elektromüll aneinander gereiht von Sizilien bis zum Nordkap reichen.

Sich auf das Wesentliche zu beschränken, tut also auch der Umwelt gut. Falls es Ihnen schwerfällt zu entrümpeln:

Bitten Sie Freunde, die entscheidungsfreudiger sind, um Hilfe.

In der Freizeit

Klettern, Yoga, Golf: Unsere Freizeitmöglichkeiten sind unbegrenzt. Das verlockt dazu, sich viel zu viel vorzunehmen und den gleichen Terminstress zu haben, den wir schon aus dem Job kennen. Viele machen den Fehler, sich die freie Zeit zu voll zu laden. Mit der Folge, dass immer mehr Menschen unter Dauerstress stehen, im Ernstfall sogar mit psychosomatischen Krankheiten reagieren. Dabei lohnt es sich, genau auszuwählen. Sie können sich fragen: Was macht mir wirklich Spaß? Wobei kann ich gut abschalten? Auch wenn Freunde sie überreden wollen oder eine Sportart gerade in Mode ist: Nehmen Sie sich lieber weniger vor, aber genießen Sie diese Termine ganz bewusst.

Unter Freunden

Wir können auf dem Handy noch so viele Telefonnummern abspeichern, noch so viele Kontakte in Internetbörsen sammeln: Eigentlich kommt es doch nur darauf an, einige gute Freunde zu haben, die immer zu einem stehen und denen man vertrauen kann. Deshalb lohnt es sich mehr, wenige gute Freundschaften zu pflegen, als viele lose Kontakte zu haben. Im Ernstfall werden ohnehin nur wirklich gute Freunde zu Ihnen stehen. Und auf die können Sie Ihre Zeit und Energie konzentrieren.

Übrigens: Als Modeschöpfer Karl Lagerfeld sich von vielen überflüssigen Kilos trennte, trennte er sich auch von einem guten Teil seines Besitzes, zum Beispiel einer Möbelsammlung aus dem 18. Jahrhundert oder japanischen

Kleidungsstücken, die ihn zehn Jahre begleitet hatten.

Je weniger Bedürfnisse ihr habt, desto freier seid ihr.

Immanuel Kant, Philosoph

Mit Humor geht vieles leichter

Als der Stardesigner Philippe Starck in einem Interview mit der Wochenzeitung „Zeit“ gefragt wurde, was der Mensch wirklich braucht, antwortete er: Liebe, außerdem Intelligenz und Humor. Materielles hielt der Designer für nicht besonders wichtig, höchstens brauche man etwas, um Feuer zu machen. Und vielleicht ein Kopfkissen.

Humor gehört für den Franzosen zu den zentralen Bestandteilen des Lebens. Wie für viele Menschen. Wer Humor hat, nimmt auch schwierigen Situationen die Schärfe, schafft menschliche Wärme und verbindet Freunde oder Kollegen. Wer auch bei Misserfolgen witzig bleibt und nicht den Kopf verliert, sorgt für gesunde Distanz und relativiert das Ereignis gleich ein wenig. Und wer über sich selbst lachen kann, wirkt sympathisch, weil er Abstand zu sich hat und sich selbst nicht allzu wichtig nimmt.

Über sich selbst darf man gern lachen, aber nicht über andere – höchstens mit anderen. Denn zynischer Humor wirkt kalt und unsympathisch, er entfernt Menschen voneinander. Umso schlimmer, wenn andere dabei sind und man sich auf Kosten eines Menschen lustig macht. Bei echtem Humor geht es nicht um Schadenfreude über das Missgeschick anderer. „Humor ist die Art, wie man auf die Welt blickt, auf sich selbst, auf eigene Erfolge und Misserfolge, auf eigene Stärken und Schwächen", so die Autorin und Trainerin Sabine Asgodom. Von ihr stammt das Buch „12 Schlüssel zur Gelassenheit", und Humor ist für sie ein wichtiger Weg dorthin. Denn: Wem das Lachen nicht vergeht, der strahlt Zuversicht aus, zeigt, dass er immer noch Herr der Lage ist. „Wenn du lachen kannst, bist du der Herrscher der Welt", sagte Roberto Benigni, der italienische Schauspieler, der für seine Hauptrolle im Film „Das Leben ist schön" einen Oscar gewann.

Das höchste Gut ist
die Harmonie der Seele
mit sich selbst.

Seneca, Philosoph

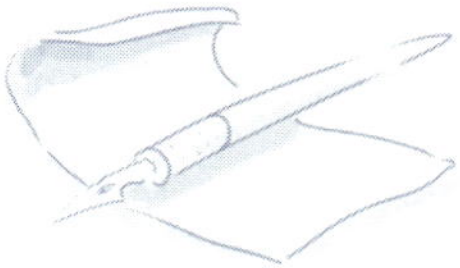

Behandle die Fehler
von anderen mit ebenso
viel Milde wie deine
eigenen.

Sprichwort aus China

Warum es so wichtig ist, verzeihen zu können

„Entschuldigung" ist ein Wort, das wohl jedem Menschen nur schwer über die Lippen kommt. Denn wer um Verzeihung bitten muss, fühlt sich schuldig, kleinlaut, zerknirscht. Aber hin und wieder ist es nötig, sich zu entschuldigen – wir sind nun mal nicht perfekt und machen Fehler.

Ebenso wichtig ist es, ehrlich verzeihen zu können. Wenn jemand um Entschuldigung bittet und die Sache wiedergutmacht, muss der Zank hinterher wirklich beigelegt sein. Wer das schafft, ist mit leichterem Gepäck unterwegs. Denn oft belastet es uns nur selbst, wenn wir jemandem grollen. Und es ist ein Zeichen von Charakter, vergeben zu können. „Der Schwache kann nicht verzeihen. Verzeihen ist eine Eigenschaft des Starken“, hat der indische Freiheitskämpfer Mahatma Gandhi einmal gesagt.

Verzeihen bedeutet dabei aber nicht, dass wir gutheißen, wie der andere gehandelt hat. Aber es bedeutet, dass wir sein Verhalten akzeptieren, unseren Ärger überwinden und ehrlich sagen können: „Schwamm drüber!“

Und wenn Sie noch nicht so weit sind, verzeihen zu können? Die Kränkung zu tief sitzt? Vielleicht brauchen Sie dann einfach noch etwas Zeit. Vielleicht hilft aber auch ein langes Gespräch, in dem Sie beide noch einmal über die Kränkungen reden. Oder den Worten folgen Taten von demjenigen, der sich entschuldigen muss: ein Blumenstrauß, eine Überraschung, ein Gefallen, den der andere Ihnen tut. Und danach heißt es: Vergeben und vergessen!

Vergeben lohnt sich!

Und zwar nicht nur für den Geist, sondern auch für den Körper. Das hat eine Studie aus Michigan/ USA mit 400 Testpersonen ergeben. Die Menschen, die zum Verzeihen bereit sind, haben einen niedrigeren Blutdruck und geringere Werte des Stresshormons Kortisol. Italienische Forscher berichten sogar, dass Frustesserinnen abnahmen, nachdem sie ihren Ehemännern Kränkungen verziehen hatten.

Fünf Schritte zum Lebenskünstler

1. Sie arbeiten sich pflichtbewusst durch Ihre To-do-Listen, aber es bleibt zu wenig Zeit für die Dinge, die Ihnen Freude machen? Dann notieren Sie alle Tätigkeiten, die Ihnen gefallen würden, auf einem Zettel. Zum Beispiel: eine lange Radtour machen, in die Sauna gehen oder drei Stunden Zeit zum Schmökern haben. Und diese Verabredungen mit sich selbst nehmen Sie genauso ernst wie Ihre übrigen Pflichten.
2. Rituale tun gut. Denn sie strukturieren den Tag und sorgen dafür, dass Ihnen immer wieder kleine Zeitinseln zum Entspannen bleiben. Welche Rituale das sein können? Alles, was

Ihnen Spaß macht: das Glas Rotwein mit dem Liebsten am Abend, der Kaffeeplausch im Büro mit netten Kollegen, der Spaziergang nach Feierabend, das Frühstück am Sonntag im Bett oder der wöchentliche Spieleabend mit den Kindern.

3. Ebenso geben uns die vier Jahreszeiten einen wohltuenden Rhythmus vor. Auch wenn wir in Deutschland oft übers Wetter schimpfen und uns manchmal nach Kalifornien wünschen – die Jahreszeiten haben alle ihren ganz besonderen Reiz: der Frühling mit den ersten wärmenden Sonnenstrahlen und dem ersten hervorspitzenden Grün. Der Sommer, der mit heißen Tagen und langen milden Abenden zum Aktivsein, zu Radtouren, Picknicks und Wanderungen einlädt. Der Herbst mit seinen klaren Farben und dem

raschelnden Herbstlaub. Der Winter mit Schneespaziergängen und gemütlichen Leseabenden bei Kerzenschein. Versuchen Sie, all das zu genießen.

4. Oft wollen wir 150 Prozent geben, sind ehrgeizig und pflichtbewusst. Dabei hat ein italienischer Ökonom, Vilfredo Pareto, eine entlastende Rechnung aufgemacht: Mit 20 Prozent unseres Einsatzes erreichen wir 80 Prozent unserer Ergebnisse. Geradezu eine Einladung, nicht zu verbissen zu sein, fünfe mal gerade sein zu lassen und die gewonnene Zeit in Entspannung zu investieren!
5. Menschen, die großzügig sein können, sich selbst und anderen gegenüber, leben leichter. Es schützt sie vor dem zehrenden Gefühl von Neid. „Wenn ich aus der Wagenburg der Raffer und Besserwisser ausschere, bedeutet

das meine ganz persönliche Abrüstung", so die Trainerin und Autorin Sabine Asgodom. „Es bedeutet Entlastung und Freude, mehr Zufriedenheit und Versöhnung mit der Welt." Wie das geht? Zum Beispiel, indem man anderen gut zuhört. Ihnen hilft, ihre Ziele zu erreichen – im Kollegen- und Freundeskreis. Oder indem wir in Verhandlungen oder Gesprächen darauf achten, dass beide Seiten ihr Gesicht wahren können und beide einen Vorteil ziehen können. Win-win nennen die Amerikaner das.

Auch eine Enttäuschung,
wenn sie nur gründlich
und endgültig ist,
bedeutet einen Schritt
vorwärts.

Max Planck, Physiker und Nobelpreisträger

Wie Sie gut einschlafen und erholt aufwachen

Es klingt wie die leichteste Sache der Welt: hinlegen, Licht löschen, Augen schließen, einschlafen. Doch wer schon Nächte mit Schäfchenzählen und dem halbstündlichen Blick auf den Radiowecker hinter sich gebracht hat, weiß, dass Einschlafen mitunter eine schwierige Sache sein kann. Und wer eine schlaflose Nacht hatte, fühlt sich am nächsten Morgen ziemlich gerädert und weit entfernt von Leichtlebigkeit. Damit wir uns auf Dauer fit und gut gelaunt fühlen können, müssen wir gut schlafen. Auch wenn sich der Schlaf nicht herbeizwingen lässt – Sie können doch einiges dafür tun, um ihn herbeizulocken: Oft hindert uns Grübeln nachts am Einschlafen, wir bekommen die Sorgen einfach nicht aus dem Kopf. Dann lohnt es sich, noch einmal aufzustehen und das, was Sie bedrückt, aufzuschreiben. So geht Ihnen kein Gedanke verloren und Sie können sich am nächsten Tag, mit klarem Kopf, wieder darum kümmern.

Entspannend vor dem Einschlafen wirkt auch ein langer Abendspaziergang oder ein heißes Bad. Alles, was aufputscht, vermeiden Menschen mit Einschlafproblemen dagegen besser: intensiven Sport, Diskussionen, Fernsehen, laute Musik, schwere Mahlzeiten. Übrigens kann man den Körper mit einem einfachen Trick leicht zur Ruhe bringen: die

Füße warm halten. Auch die berühmte heiße Milch mit Honig bringt uns in den Entspannungsmodus. Wichtig ist ebenfalls die Ausstattung des Schlafzimmers. Am besten schläft es sich in einem abgedunkelten Zimmer bei einer Temperatur von 14 bis 18 Grad.

Doch was tun, wenn Sie sich im Bett wälzen und nicht einschlafen können? Auf keinen Fall immer wieder auf die Uhr schauen und sich selbst unter Druck setzen. Sie kommen auch mal mit weniger Schlaf aus und überstehen trotzdem den nächsten Tag im Büro oder mit der Familie. Oft hilft es, sich an einen schönen Ort zu träumen und sich diesen Lieblingsplatz so detailliert wie möglich vorzustellen. Je weniger Sie an den Schlaf denken, desto schneller überfällt er Sie!

WUSSTEN SIE DAS?

Wir schlafen mit durchschnittlich gut sieben Stunden pro Nacht zwei Stunden weniger als Menschen noch vor hundert Jahren.

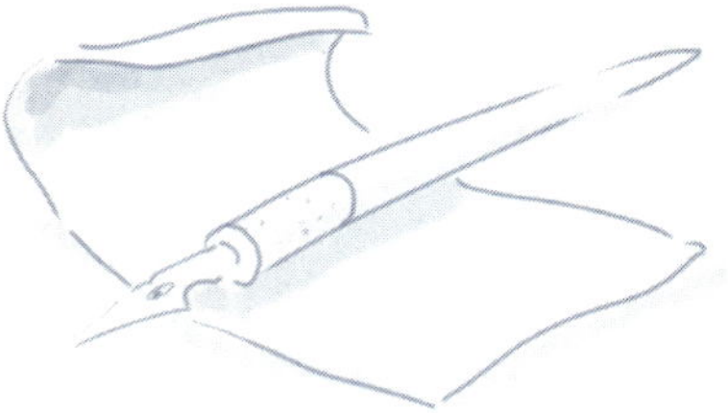

Das Glück beruht oft nur auf dem Entschluss, glücklich zu sein.

Lawrence Durrell, Schriftsteller

Man muss alle
Menschen ein ganz
klein wenig besser
behandeln, als
sie es verdienen; so
entwaffnet man sie am
leichtesten.

Dorothea Schlegel, Schriftstellerin

Essen, das glücklich macht

Das Candlelight-Dinner zu zweit, das Hochzeitsmahl oder das allabendliche gemeinsame Essen mit der ganzen Familie: Essen ist mehr als bloße Nahrungsaufnahme. Klar, Essen ist ein geselliges Erlebnis, nicht umsonst schmeckt es den meisten Menschen am besten, wenn sie in Gesellschaft sind. Und dazu ist es ein sinnliches Erlebnis: Zartschmelzende Schokolade, fruchtige Tomaten, ausgefallene Gewürze – Essen macht Gaumen und Seele glücklich. In manchen Lebensmitteln sollen sogar besondere Glücklichmacher stecken, die auch „Mood

Food“ oder „Nahrung für die Seele“ genannt werden. Und das soll so funktionieren: Für gute Gefühle ist der Botenstoff Serotonin zuständig. Damit er produziert wird, muss der Körper zunächst das Eiweiß Tryptophan aufnehmen. Es steckt vor allem in Milch und Milchprodukten, Schokolade, Eiern, Fisch, Fleisch, Bananen und Hülsenfrüchten.
Am besten kann es verarbeitet werden, wenn man dazu Kohlenhydrate isst wie Kartoffeln oder Nudeln.

Pasta mit Gorgonzola-Sauce

Für zwei Personen

200 g Nudeln (Sorte nach Geschmack),
80 g Gorgonzola, 1 Becher Schlagsahne, 80 g
Walnusskerne, Salz und Pfeffer, etwas Butter

Die Nudeln in Salzwasser nach Packungsanweisung bissfest kochen. Die Walnusskerne zerkleinern und in einer Pfanne in etwas Butter anbraten. Den Gorgonzola zerteilen und dazu geben, etwas zerschmelzen lassen, dann die Sahne dazugießen, aufkochen lassen. Gründlich verrühren, mit Salz und Pfeffer abschmecken, über die Nudeln geben.

Heiße Schokolade

Für zwei Tassen

60 g Schokolade (am besten Zartbitter), 500 ml Milch, eine Prise Chili, evtl. Sahne

Die Schokolade fein zerhacken und in 500 ml Milch schmelzen lassen, eine Prise Chili zugeben. Nach Wunsch Sahne schlagen und auf die heiße Schokolade geben.

Die wichtigste
Stunde ist immer
die Gegenwart, der
bedeutendste Mensch
ist immer der, der dir
gerade gegenübersteht,
und das notwendigste
Werk ist immer die
Liebe.

Meister Eckhart, Theologe

Ganz im Augenblick leben

Aufmerksam für den Moment sein, nicht an gestern und nicht an morgen denken, das fällt uns ganz schön schwer. Wie oft ärgern wir uns über Vergangenes oder grübeln darüber nach, ob wir etwas falsch gemacht haben. Noch häufiger sind wir aber in der Zukunft, denken an anstehende Termine und Projekte, daran, ob wir das wohl alles schaffen und den Erwartungen gerecht werden. Wir sind unserer Zeit zwei Tage oder fünf Wochen voraus. Selten aber leben wir so ganz im Hier und Jetzt und genießen den Augenblick. Und wundern uns hinterher darüber, wo die Zeit bloß geblieben ist. Doch wer achtsam sein möchte, braucht die Fähigkeit, alle Sinne offen zu halten und den Moment bewusst zu genießen. An nichts anderes zu denken. Von diesem Leben im Augenblick erzählt eine buddhistische Geschichte: Ein weiser Mann wird am Berg von einem Tiger gejagt. Auf der Flucht vor dem Tier läuft er geradewegs auf einen Abgrund zu, kann sich im letzten Moment aber noch an einer Wurzel festhalten. Doch es gibt keinen Ausweg – über dem Mann ist der Tiger, unter ihm der Abgrund. Da entdeckt der Mann im Gestrüpp eine wilde Erdbeere, pflückt sie, steckt sie sich in den Mund und sagt: „Wie köstlich die Erdbeere ist. Und so süß!"

Strategien gegen Sorgen

Falls Sie oft über Probleme grübeln, helfen Ihnen diese Strategien:

- Was würde passieren, wenn der Ernstfall eintritt und alles schief geht? Versuchen Sie, sich die Konsequenzen möglichst realistisch auszumalen. Oft kommen wir zu dem Schluss, dass wir auch mit dem schlimmsten Fall noch leben können. Deshalb gibt es gar keinen Grund, sich solche Sorgen zu machen.
- Oft setzen wir uns selbst unter Druck, weil wir glauben, die Erwartungen anderer Menschen erfüllen zu müssen. Was denken die Kollegen bloß von mir, wenn ich heute mit der Arbeit nicht mehr fertig werde? Was die Freundin, wenn ich mich nicht endlich mal bei ihr melde?

Oft spielen sich diese Erwartungen aber nur im eigenen Kopf ab. Die anderen Menschen haben gar nicht so hohe Forderungen an Sie. Deshalb: lieber ein bisschen weniger perfekt, aber gelassen sein!

- Sorgen melden sich oft dann, wenn wir zur Ruhe kommen und das Gehirn gerade Leerlauf hat. Doch das Grübeln hindert uns daran, wirklich zu entspannen. Dann hilft es, den Sorgen einen Termin zu geben: sich für einige Zeit hinzusetzen und sich intensiv mit dem Problem zu beschäftigen, vielleicht sogar die Gedanken dazu aufzuschreiben. Danach schieben Sie die Sorgen aber weit weg und lenken sich ab.
- Vielleicht versuchen Sie auch, Ihr Problem aus der Perspektive anderer Menschen zu sehen. Wie würden Freunde, Kollegen, Ihre Familie

wohl darüber denken? So ernst wie Sie selbst? Oder würden sie die Sache lockerer nehmen? Durch diesen anderen Blickwinkel können Sie überprüfen, inwieweit Ihre Befürchtungen realistisch sind. Oder Sie erzählen diesen lieben Menschen direkt von Ihrem Problem. Auch das relativiert viele Sorgen.

Mutmacher

Diese Sätze helfen gegen Verzagtheit:

- Ich schaffe das schon!
- Gut ist gut genug, ich muss nicht perfekt sein.
- In mir steckt eine Menge Energie.
- Ganz viel von dem, was ich mir wünsche, kann ich auch erreichen.
- Ich habe liebe Menschen, die hinter mir stehen.
- Ich habe schon so viel geschafft.
- Fehler sind menschlich; wenn was schiefgeht, kann ich das immer noch ausbügeln.
- Wenn es darauf ankommt, kann ich eine Kämpfernatur sein. Das habe ich schon oft bewiesen.

Stärke wächst im Geduldgarten.

Sprichwort

Ein Mann ist stark, wenn er sich seine Schwäche eingesteht.

Honoré de Balzac, Schriftsteller

Was wir uns von Kindern abschauen können

Kinder sind Meister im Bummeln und in der Konzentration auf den Augenblick. Der Regenwurm, der sich auf dem Bürgersteig schlängelt, der Marienkäfer, der gerade über die Hand krabbelt, die Baustelle, auf der Arbeiter mit schwerem Gerät fahren: Kinder scheren sich nicht um anstehende Termine oder Zeitdruck. Sie leben im Hier und Jetzt. Sie bleiben einfach stehen und schauen fasziniert zu, ja sie vergessen alles um sich herum, konzentrieren sich ganz auf das kleine Ereignis. Erwachsene legen das als Trödeln aus, reagieren oft ungeduldig. Dabei könnten sie sich hin und wieder kleine Menschen als Vorbild nehmen. Denn es ist beneidenswert, wie sehr Kinder sich begeistern, wie sehr sie im Moment leben, wie leicht und unbeschwert sie sich fühlen können. Das fällt Erwachsenen, die mit Uhr und Terminkalender leben müssen, zunehmend schwer. Doch hin und wieder lohnt es sich, wie Kinder die Zeit verstreichen zu lassen, ohne auf die Uhr zu schauen und ohne etwas Sinnvolles tun zu müssen: den Sommernachmittag auf einer Wiese mit einem Picknick vertrödeln, im Straßencafé sitzen, den Passanten nachschauen und die Zeit vergessen oder gleich mit Kindern spielen. Vielleicht entdecken Sie dabei auch das kindliche Staunen wieder?

Und was wir von Verliebten lernen können

Auch frisch Verliebte haben eine beneidenswerte Leichtigkeit. In den ersten Wochen blenden sie all das aus, worum sie sich sonst kümmern: den Job, die Freunde, die Familie, den Haushalt. Im Mittelpunkt steht allein der geliebte Mensch. Verliebte schaufeln sich so viel Zeit wie möglich frei, die ihnen beiden allein gehört. Auf Dauer ist das natürlich nicht zu machen, sonst wären Verliebte nicht mehr alltagstauglich. Ganz allmählich kehren die Paare zurück in den Alltag; der Job, Freunde, die Familie erobern sich dann wieder einen größeren Raum zurück. Und auf Dauer würde das wohl auch niemand mitmachen, aufs Abstellgleis geschoben zu werden.

Dennoch kann man sich von frisch Verliebten einiges abschauen. Sie nehmen sich einfach Zeit für sich selbst und ihren Partner – egal, was um sie herum passiert. Wie oft machen wir im Alltag das Gegenteil: Wir erledigen alle Pflichten verantwortungsbewusst, kümmern uns um andere, aber gönnen uns keine Zeit mehr für uns selbst. Von Verliebten lernen heißt: hin und wieder das zu machen, was einen selbst glücklich macht, auch wenn einem eigentlich gerade die Zeit fehlt. Sollen der Schreibtisch, der Wäscheberg und der Garten doch mal warten! In den Alltag kehren Sie schließlich früh genug zurück.

Leichter fühlen durch leichte Bewegung

Walken

... ist so gesund, weil es ein sanftes Ausdauertraining ist und – im Unterschied zum Joggen – die Gelenke schont.

Schwimmen

... ist so gesund, weil es fast alle Muskeln beansprucht und ideal das Herz-Kreislauf-System trainiert. Die Bewegung im Wasser senkt das Risiko von Verletzungen.

Yoga

... ist so gesund, weil es Geist und Körper gleichzeitig entspannt und das Immunsystem stärkt.

Gymnastik

... ist so gesund, weil sie Rückenschmerzen vorbeugt und viele Muskelpartien fordert. Sie eignet sich besonders für Menschen, die viel sitzen.

Wandern

... ist so gesund, weil es Herzleistung, Kreislauf, Stoffwechsel, Atmung und Muskelkraft verbessert. Außerdem tut die Bewegung an frischer Luft gut.

Fahrrad fahren

... ist so gesund, weil es die Kondition steigert und die Rücken- und Beinmuskulatur stärkt. Es eignet sich auch für Menschen, die aus gesundheitlichen Gründen viele andere Sportarten nicht mehr ausüben dürfen.

Skilanglauf

... ist so gesund, weil bei fast keiner anderen Sportart Muskeln und Gelenke gleichzeitig so gut gestärkt und geschont werden. Dabei schulen Sportler auch ihre Koordination.

Ein weiser Mann

Als schlagfertig, gelassen und klug galt er. „Papst des Volkes“ nannte man ihn oder den „gütigen Papst“. Johannes XXIII. war in jedem Fall ein beliebter Mann und ein mutiger Erneuerer der Kirche.

Ein Genussmensch war er. Durch seine Leibesfülle zeigte er, dass er der italienischen Küche durchaus zugetan war. Ein Mann ohne Standesdünkel war er. Wenn er durch den Vatikan spazierte, natürlich ohne Schutzpersonal, sprach er die Arbeiter dort an und fragte sie, was sie bewegte. Ein politischer Mann war er: Lange vor der eigentlichen Wende betrieb er eine Ostpolitik, die beide Seiten annähern sollte. Ein mutiger

Kirchenmann war er. Als erster Papst hat er Orthodoxe, Protestanten und Anglikaner empfangen. Und ein weiser Mann war er, von ihm stammt das Gedicht „Nur für heute", das auch in unserer Zeit noch Gültigkeit hat. Ein Auszug daraus:

Nur für heute werde ich die größte Sorge für mein Auftreten pflegen: vornehm in meinem Verhalten. Ich werde niemand kritisieren, ja ich werde nicht danach streben, die anderen zu verbessern, nur mich selbst.

Nur für heute werde ich keine Angst haben. Ganz besonders werde ich keine Angst haben, mich an allem zu freuen, was schön ist, und an die Güte zu glauben.